Felix Leibrock
Wir zwei beide

Felix Leibrock

Wir zwei beide

Gedanken zur Partnerschaft

Fotografie: Andreas Beck, Norbert Eisele-Hein,
Wolfgang Ehn, Klaus G. Förg,
Andreas Gassner, Emanuel Gronau, Udo Haafke,
Werner Heidt, Thomas Jungmann,
TIPHO Bildarchiv und Ernst Wrba

rosenheimer

Inhalt

Wir zwei beide

Land unter, so heißt das wohl schönste Lied von Herbert Grönemeyer. Da droht einer in den Fluten unterzugehen. Aber er ist voller Hoffnung. Er hofft, ja er vertraut auf einen Menschen, der ihn rettet. Er singt diesem Menschen zu: »Mach die Feuer an, damit ich Dich finden kann.«

Wer kennt diese Sehnsucht nicht? Den Menschen zu finden, der einem ein Feuer anmacht in der Not und damit den Weg zu Wärme und Licht weist? Entscheidend für unser Leben ist nicht, wo wir leben oder wie wir leben. Entscheidend ist, mit wem wir leben. Nur so ist es möglich, die oft raue See unseres Lebens zu bestehen. Eine gelingende Partnerschaft, einen liebenden Menschen in allen Lagen zur Seite zu haben, das ist das größte Geschenk, das das Leben für uns bereithält. Das muss nicht auf das Verhältnis von Mann und Frau beschränkt sein. Der liebende

7

Mensch an der Seite, das kann auch die Mutter, der Bruder, die Patentante, der beste Freund sein. Jedenfalls ein Mensch, dem ich alles sagen kann. Wir zwei beide, das ist die sprachlich verdichtete Form, die den Dank für dieses Geschenk ausdrückt.

Wie aber diesen Menschen finden? Was ist, wenn ich mich im anderen getäuscht habe? Wenn ich »Land unter« schreie und er oder sie mich trotzdem allein lässt? Was ist, wenn mein Retter, meine Retterin davonläuft oder stirbt oder überhaupt nicht zu finden ist?

Die Angst ist berechtigt. Aber bei aller Angst darf die Hoffnung nicht aussterben. Mach die Feuer an, damit ich Dich finden kann. Die Geschichten und Gedanken dieses Buches sollen den Blick für das Feuer öffnen. Wir begeben uns damit auf den ältesten Weg der Menschheit: Auf den Weg, der zur Liebe führt. Die Liebe hört nicht auf, sagt die Bibel. Ob wir sie finden werden, die Liebe?

Am Anfang war die Verliebtheit

Trotz aller Emanzipation hat sich im menschlichen Paarungsverhalten ein Grundsatz weitgehend erhalten: Die Initiative geht vom Mann aus. Männer fragen die Dame ihres Gefallens hochinteressiert nach der Uhrzeit oder, am Badesee, schon forscher, ob sie ihr behilflich sein dürfen beim Eincremen des Rückens. Dann kommt die nächste Klippe: Wie kann ich die Angehimmelte zu mir nach Hause einladen? Da soll sogar der alte Trick mit der Briefmarkensammlung noch nicht ausgedient haben. Wenn sich das alles zum Besten entwickelt, kommt irgendwann die Frage nach der gemeinsamen Zukunft: Willst du mich heiraten? Auch hier hat die Phantasie einen breiten Spielraum. Ein Amerikaner hat seiner Angebeteten zwei Jahre lang jeden Tag einen Liebesbrief geschrieben. Welcher Aufwand! Allerdings ging die Rechnung nicht auf. Die Angebetete hat den Briefträger geheiratet. Der Schriftsteller Antoine de Saint-Exupéry hat seine Consuelo, die er damals noch kaum kannte, zu einem Flug eingeladen. Im Zweisitzer irgendwo über Lateinamerika hat er sie dann vor die Wahl gestellt: Entweder sie küssen mich jetzt und sagen mir zu, mich zu heiraten. Oder wir stürzen ab. Die beiden haben geheiratet. Aber die Ehe war mehr als schwierig. Notorische Untreue bei ihm, Scheidungsabsichten, Depressionen.

Am Anfang jeder Beziehung steht die Verliebtheit. Da findet man einfach alles gut am anderen. Nimmt Rücksicht, will nur eines: Eine gemeinsame Zukunft. Wenn die dann besiegelt ist, beginnt oft der umgekehrte Weg: Alles am anderen beginnt mich zu stören. Ich will ihn erziehen, damit er am besten so wird, wie ich selbst bin. Aber das geht schief. Dostojewski sagt: »Den anderen lieben

heißt, ihn so annehmen wie Gott ihn gemacht hat.« Auch mit den Fehlern. So wie es in der Phase der Verliebtheit von ganz alleine geschieht. Die Kunst des Lebens als Paar besteht darin, den anderen auch weiterhin so anzunehmen wie er ist. Damit die Verliebtheit in eine tiefe Liebe übergeht.

Babyklappe

Nun gibt es sie also auch in ihrer Stadt: Die Babyklappe. Wer ein Baby aus welchen Gründen auch immer nicht großziehen möchte, der kann es dort ablegen. Schon kurze Zeit später kommt Hilfe. Später dann die Freigabe zur Adoption. Schon seit Stunden streicht die junge Frau um das Haus mit der Babyklappe herum. Ganz alleine hat sie das Kind zur Welt gebracht. Das war furchtbar. Aber nun ist es da. Eingewickelt in dicke Tücher. Der Vater des Kindes tut so, als ginge ihn das alles nichts an. Kein Wunder, hat er doch Familie. Alles in geordneten Bahnen. Da ist so ein kleines Abenteuer mit einer Aushilfe in einem seiner vielen Supermärkte etwas, was halt mal so nebenbei passiert. Verschwiegenheit ist oberste Aushilfenpflicht. Dann hat sie ihm gesagt: Ich bin schwanger. Gratuliere, hat er geantwortet. Von dir, presste sie hervor. Da hat er sie angeschrien, blödes Stück und so. Schau doch, wo du bleibst mit deinem Balg. Abtreiben, das wollte sie auf keinen Fall. Allein schon das Risiko. Sie wollte doch einmal eine eigene Familie haben. Vor den Eltern, den Freunden musste sie alles geheim halten. Gut, dass sie schon eine eigene kleine Wohnung hat.
Nun also die Babyklappe. Sie schaut dem Neugeborenen in die dunklen Augen. Riecht den Babyduft. Da wühlt sich in ihr alles auf: Dich soll ich einfach so weggeben? Bist du nicht ein Teil von mir? Sie zittert am ganzen Körper. Es ist, als ob ihr Flügel wachsen. Ich werde mit meinen Eltern reden. Mit meinen Freunden. Ich werde mir einen Rechtsanwalt nehmen. Ich werde … Sie schaut in die Zukunft. Babyklappe, von wegen. Sie fährt mit dem Bus nach Hause, das Baby fest an sich gedrückt. Sie greift zum Telefon. Während sie wählt, murmelt sie: Wir werden das packen. Wir zwei beide.

Florian und
sein Opa

Nicht mal zum Angeln will Florian mit Opa gehen. Opa merkt: Da ist was passiert. Aber er fragt Florian nicht aus. Er setzt sich einfach nur neben ihn. Zwei, drei Minuten sitzen sie schweigend auf der Gartenbank. Dann fängt Florian an: »Die haben mich alle aufgezogen.« Opa kratzt sich am Schnurrbart. »Die?«, fragt er nach. »Ja, die Jungen in meiner Klasse. Fast jeden Tag geht das so. Seht doch mal den Florian. Der müsste mit seinen Ohren eigentlich fliegen können. Mit solchen Segelfliegerohren.« Ja, denkt Opa, abstehende Ohren, die hat der Florian tatsächlich. Er hört, wie sein achtjähriger Enkel leise vor sich hinschluchzt. Der Opa überlegt. Dann steht er auf und zieht sein kariertes Holzfällerhemd aus. Auch das Unterhemd. Florian staunt nicht schlecht, als er die entblößte Brust des Großvaters sieht. Unter den grauen Brusthaaren zieht sich eine lange, rosafarbene Narbe hin. »Wo hast du denn die Narbe her?« Der Opa erklärt es ihm. »Als ich so 15, 16 war, da hatte ich Atemprobleme. Damals haben die im Krankenhaus die Brust mit einer Operation öffnen müssen. Als ich zum ersten Mal die Narbe gesehen habe, da habe ich gedacht: Sieht ja furchtbar aus. Wenn die mal nur keiner sieht. Aber irgendwann, da war es so heiß, da bin ich einfach zum Schwimmen gegangen. Und damals ist etwas ganz Merkwürdiges passiert: Für einige Mädchen war ich plötzlich der interessanteste Junge.« »Wegen der Narbe?«, fragt Florian. »Ja. Ich habe damals gemerkt, dass nicht diejenigen interessant sind, bei denen alles perfekt ist. Nein, spannend sind die, die etwas Besonderes haben, zum Beispiel eine Narbe oder eine

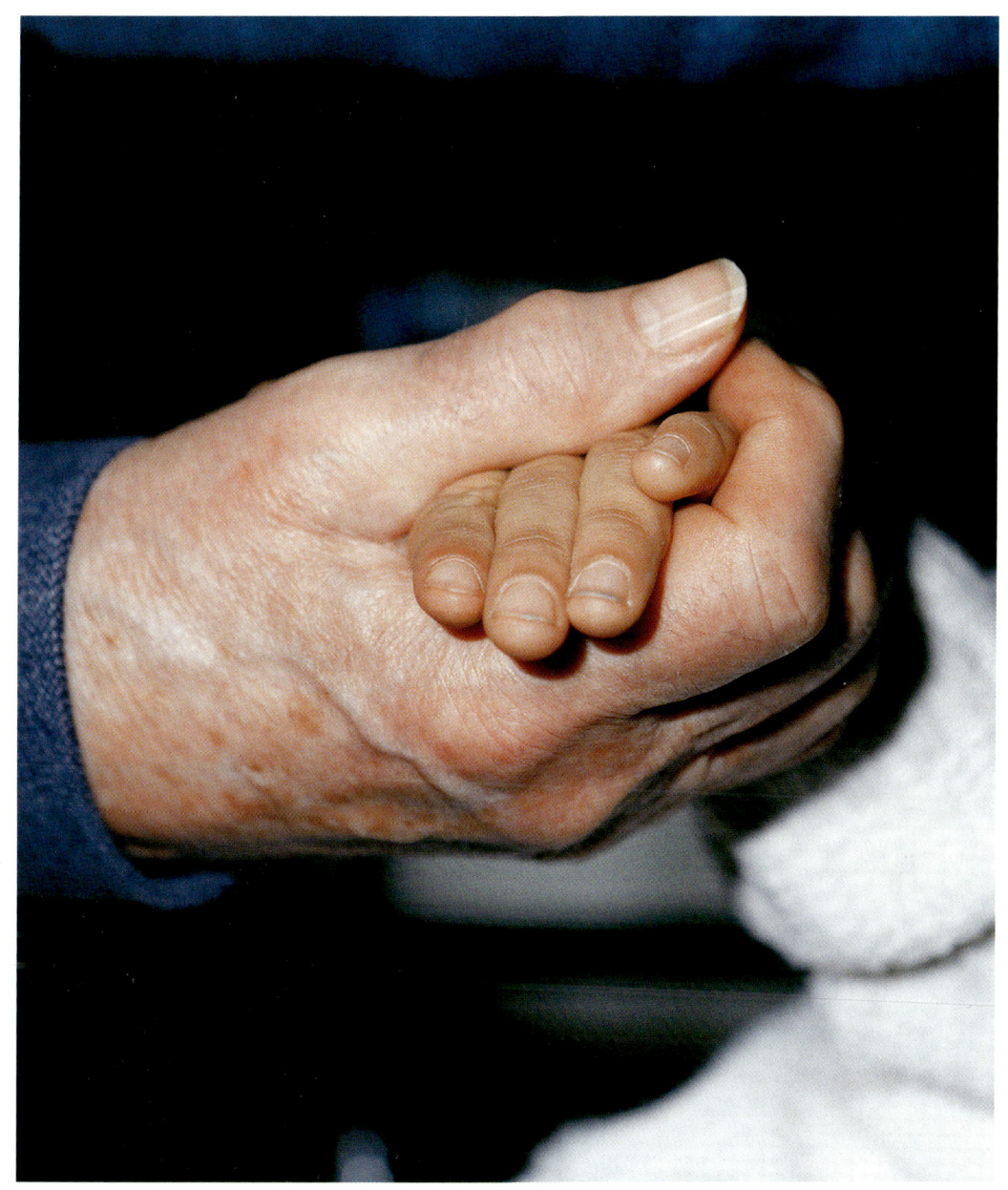

krumme Nase oder einen goldenen Zahn. Auch«, und nun zögert der Großvater ein wenig, »auch abstehende Ohren sind etwas Besonderes.« »Aber wenn die anderen mich doch damit aufziehen?«, widerspricht Florian. »Vielleicht tun sie das ja, weil sie ein bisschen neidisch sind. Frag Oma. Sie sagt, sie habe mich auch geheiratet, weil ich so eine spannende Narbe habe.«

Wieder schweigen die beiden. Dann steht Florian auf. »Opa, gehen wir angeln?« Sie greifen zu ihren Angeln. Hand in Hand wandern sie zum nahe gelegenen See.

Gipfelglück

Der achtjährige Michael und sein Vater haben eine gemeinsame Leidenschaft: Die Berge. Dieses Jahr im Urlaub, da haben sie sich den Watzmann vorgenommen. Rund 2700 Meter hoch. An einem Tag vom Königsee rauf und wieder runter. Ob sie das packen? Sie haben den Weg auf der Karte genau studiert. Pausen eingeplant. Um sechs Uhr früh steigen sie auf. In steilen Kehren keuchen sie nach oben. Stunden geht das so. Die Sonne brennt vom Himmel. Am Watzmannhaus auf knapp 2000 Meter Höhe hat Michael eine Krise. Er will was trinken und dann wieder absteigen. Sein Vater muntert ihn auf: »Wir sind prima in der Zeit. Das packen wir.« Sie steigen weiter nach oben. Auf 2400 Meter hat dann der Vater einen Einbruch. Der Rucksack war wohl doch zu schwer. »Michael, versuchen wir's im nächsten Jahr wieder?« Aber nun hat Michael Oberwasser: »Man sieht doch

schon den Gipfel. Wir machen noch fünf Minuten Pause und dann schaffen wir den Rest.« Sie steigen weiter nach oben. Die letzten 50 Meter kriechen sie auf allen Vieren. Aber dann sind sie oben. Geschafft! Zur Feier des Tages holt der Vater eine Flasche Cola aus dem Rucksack. Die trinken sie und strahlen sich in die Augen.

Das ist so wichtig für unsere Kinder: Dass wir ihnen Ziele setzen und ihren Willen dahin bestärken. Nichts ist schlimmer, als wenn Kinder in ihrer Freizeit nur vor dem Fernseher geparkt werden. Kinder brauchen Herausforderungen. Wenn Eltern ihre Kinder herausfordern, lernen diese für's Leben. Der kleine Michael zeigt uns das. Er hat seinem Vater sogar etwas von der Lektion zurückgegeben. Und das gemeinsame Gipfelglück, das vergessen die beiden ihr Leben lang nicht. Spuren für die Ewigkeit.

Noras Geburtstag

Zu Noras zwölftem Geburtstag hat sich die Mutter etwas ganz Besonderes einfallen lassen. Sie gehen in ein Konzert. Zu einer dieser Mädchengruppen. Mit den Postern dieser Gruppen sind Millionen von Kinderzimmern tapeziert. Die Gruppen wechseln wie die Jahreszeiten. Nun also fahren Mutter und Tochter in die Großstadt in die riesige Konzerthalle. 5000 schreiende Mädchen sind da versammelt. Noras Mutter denkt: Ob ich da hinpasse mit meinen bald vierzig Jahren? Dann betreten die Stars die Bühne. Mädchen mit silbernen Kleidern, großen Ohrringen und gepiercten Bauchnabeln. Die jungen Zuschauer schreien vor Begeisterung. Auch Nora hat Tränen in den Augen. Sie sieht ihre Stars endlich einmal live. Sie singen ihre Songs. Alle im Publikum heben die Arme und schwenken sie. Noras Mutter beobachtet ihre Tochter. Meine Güte, ist die glücklich, denkt sie. Da sagt Nora: Mama, mach mit. Na gut, sagt sie sich und schwenkt unsicher die Arme. Aber die Unsicherheit verfliegt von Minute zu Minute. Später klatscht und pfeift sie mit. Ja, sie tanzt sogar wild wie die anderen Teenager. Sie hat das Gefühl, selbst so ein Teenager zu sein. Erinnert sich daran, was sie in diesem Alter für Musik gehört hat. An die Zeit ihrer ersten Liebe. Ein tiefes Glücksgefühl steigt in ihr auf. Wer hat hier eigentlich Geburtstag? Wer ist hier die Beschenkte?

Auf der Rückfahrt sagt Nora: Danke, Mama, das war ein wunderbares Geburtstagsgeschenk. Darf ich mal wieder zu so einem Konzert? Und ihre Mutter antwortet: Von mir aus sehr gerne. Nimmst du mich wieder mit?

Flucht zu zweit

Die beiden Dreizehnjährigen haben die Nase voll. Vor allem der Stress heute mit der Klassenlehrerin hat ihnen den Rest gegeben. »Wir hauen ab«, sagt Sebastian. »Ja, wir legen unser erspartes Geld zusammen«, fährt Markus fort. »Wir schlagen uns per Anhalter bis Südfrankreich durch. Dann ruhen wir ein paar Tage aus. Weiter dann nach Portugal. Dort heuern wir auf einem Schiff als Laufjungen an und kommen so nach Argentinien oder Peru. Dort lassen wir uns dann nieder.« Am nächsten Nachmittag stehen die beiden mit ihren Rucksäcken an der Bundesstraße. Dummerweise beginnt es in Strömen zu regnen. Die Autos fahren alle vorbei. Erst nach zwei Stunden hält eins. Ausgerechnet die Klassenlehrerin. »Wer hat denn euch hier abgestellt? Steigt ein.« Sie nimmt sie mit nach Hause. Gibt ihnen Handtücher und kocht ihnen heißen Tee. Sie legt eine CD auf.

Das ist ja ihre Lieblingsgruppe. Die Klassenlehrerin merkt ihre erstaunten Blicke. »Habe ich mir mal gekauft. Ihr tragt deren Namen doch auf dem T-Shirt. Die Texte sind ziemlich gut. Könnten wir doch mal in Deutsch oder Religion darüber reden, oder?« Am Abend bringt sie die beiden nach Hause. Als sie aussteigen, sagt sie: »Vergesst nicht, die Rucksäcke aus dem Kofferraum zu nehmen.«

Komisch, denken die beiden, die hat gar nicht gefragt, was wir mit den Rucksäcken wollten. Am nächsten Morgen gehen Sebastian und Markus ganz normal zur Schule. Vor der Stunde mit der Klassenlehrerin haben sie gar keinen so großen Horror mehr. Über ihren Fluchtplan sprechen sie nicht mehr. Aber seit diesem Tag ist ihre Freundschaft noch größer.

Fluchtgedanken gehören zur Pubertät wie Pickel und Partys. Was Heranwachsende in dieser Phase am meisten brauchen sind Erwachsene, die sie nicht belehren, sondern zuhören und verstehen.

Moritz und Lassie

Kein gewöhnliches Geschenk, was Moritz da zu seinem fünften Geburtstag bekommt: Einen Colliehund. Natürlich nennt er ihn Lassie. Du bist nun verantwortlich für dieses Tier, sagen die Eltern. Futter und Ausführen und so was. Moritz nimmt diese Aufgabe ernst, sehr ernst. Das Trockenfutter schmeckt Lassie anfangs nicht. Da kaut er es ihm vor. Den Brei reicht er dann dem Hund. Und siehe da, jetzt frisst er. Ausführen tut er ihn täglich mehrere Stunden. Wenn die Klassenkameraden fernsehen, streift er mit Lassie durch die Felder. Ihm erzählt er auch alle seine Sorgen. Lassie kann zuhören. Am Abend vor dem Schlafengehen, da kuscheln die beiden miteinander. Moritz und Lassie, unzertrennliche Freunde. Die Freundschaft überdauert auch Moritz' Pubertät. Nur eine Eintrübung gibt es. Lassie hat immer ganz wild mit dem Ball gespielt. Einmal, da schießt Moritz aus Spaß auf seinen Hund. Aber Lassie versteht den Spaß nicht. Seitdem rührt er keinen Ball mehr an. Dann macht Moritz sein Abitur. Zum Studium will er in eine ferne Stadt. Was soll aus Lassie werden? Als spüre der Hund, dass da ein schwerer Abschied auf ihn zukommt, legt er sich wenige Tage vor Moritz' Abschied am Abend hin und steht nicht mehr auf. Moritz hat gerade den Führerschein gemacht. Er fährt ihn selbst zum Tierarzt. Der sagt: Lassen sie ihn einschläfern, sie ersparen ihm viele Qualen. Als Lassie die Spritze bekommt, hält Moritz ihm die Pfote. Ein letztes Mal kuscheln sie miteinander. Das Grab hebt Moritz selbst aus. Nun ist sein bester Freund tot. Aber Moritz sagt sich: Wenn ich einmal Kinder habe und die wünschen sich ein Haustier, weiß ich, was ich tue.

Tränen im Himmel

53. Stockwerk eines New Yorker Appartementhauses. Die Schiebefenster, die bis zum Boden gehen, sind von einem Angestellten zum Lüften geöffnet. Er weiß wahrscheinlich nicht, dass der fünfjährige Conor für einen kurzen Augenblick unbeaufsichtigt ist. Die Mutter ist im Schlafzimmer und ahnt nicht, dass das Fenster offen steht. Der Vater ist in ein Hotel gezogen, weil er nicht möchte, dass sein Sohn die ständigen Streitereien zwischen den Eltern mitbekommt. Conor hat wahrscheinlich gespielt. Vielleicht ist er gerannt und gestolpert. Er stürzt jedenfalls aus dem 53. Stockwerk. Als der Vater das erfährt, bricht er zusammen. Er ist schwer traumatisiert. Er hat seinen Sohn über alles geliebt. Noch am Abend zuvor war er mit ihm im Zirkus. Conor hat unzählige Fragen gestellt.

Die anderen Leute waren genervt. So konnte der Vater ihm nicht mehr erklären, warum die Trapezkünstler fliegen können. Ob Conor das am nächsten Tag deshalb selbst ausprobieren wollte?

Der Vater hat als gläubiger Christ Gott damals angeschrieen, ihn manchmal sogar verflucht. Dann aber hat er sich gesagt: Nicht Gott ist am Tod meines Sohnes schuld. Ich bin es. Mein Lebenswandel, mein Streiten mit der Mutter, ich habe ihm nicht das Heim geboten, das er gebraucht hat.

Nie wird der Vater diesen Tod völlig verarbeiten. Aber er versucht es. Er verpackt seine Gefühle in Liedtexte und Melodien. So singt er, an Conor denkend: Würdest du meinen Namen wissen, wenn ich dir im Himmel begegnete? Tears in heaven, Tränen im Himmel heißt das Lied.

Ich will alle zu mir in den Himmel ziehen, sagt Jesus, der Lehrer der Liebe. Ja, Eric Clapton, Conor wird nicht nur deinen Namen wissen. Im Himmel finden sich die wieder, die sich in dieser Welt geliebt haben. Conor wird dich als erstes fragen: »Warum können Trapezkünstler so gut fliegen, Papa?« Und dann wischt dir jemand die Tränen ab und du wirst es ihm erklären.

Wahre Treue

»Das sprechen wir uns selbst zu, Herr Pfarrer!«, sagt selbstbewusst der junge Bräutigam. Also keine Fragen an das Brautpaar, die die beiden mit »Ja, mit Gottes Hilfe« beantworten. Alle Warnungen des Pfarrers wegen Nervosität und so wischt der Bräutigam mit jugendlicher Dynamik hinweg.

Der Tag der Trauung ist da. 200 Leute in der Kirche. Auf ein Zeichen hin beginnt der Bräutigam mit dem Eheversprechen. Natürlich macht er das auswendig. Er ist doch nicht auf den Kopf gefallen. Verliebt schaut er der Braut in die Augen und sagt: »Ich will dich lieben und achten in guten Tagen.« Der Pfarrer denkt sich, dass für Diskussionen jetzt vielleicht nicht der richtige Zeitpunkt ist. Aber nach der Trauung, bevor das Brautpaar feierlich auszieht, flüstert er dem Bräutigam ins Ohr: »Lieben und achten in guten Tagen ist nicht so schwierig. Die wahre Treue zeigt sich in den schweren Tagen.« Der Bräutigam wird blass: »Habe ich das vergessen? Können wir das nachholen? Die Leute sitzen doch noch alle auf ihren Plätzen.« Der Pfarrer lächelt: »Die haben das vielleicht gar nicht so mitbekommen. Außerdem haben Sie jetzt ein ganzes Eheleben Zeit, das nachzuholen.«

Die Treue in der Ehe ist bei uns oft reduziert auf den sexuellen Bereich. Aber wahre Treue zeigt sich, wenn der andere schwere Tage durchlebt. Krankheit, Arbeitslosigkeit, seelische Krisen. Da ist es ein großes Geschenk, einen Menschen zu haben, der bedingungslos zu einem hält. Diese Treue kann auch weiterbestehen, wenn die Ehe vor einem weltlichen Gericht geschieden wurde. Wäre das nicht ein Gewinn, wenn aus geschiedenen Eheleuten beste Freunde würden? Die trotz der Trennung, trotz vielleicht neuer Lebenspartner, die trotz alledem in den schweren Tagen des Lebens bedingungslos füreinander da sind?

Warum oft dieses gegenseitige Sich-fertig-Machen? Warum nicht die Einsicht, dass beide Schuld auf sich geladen haben? Warum kein versöhntes Auseinandergehen? Warum keine Treue über die Scheidung hinaus?

Ehen vor Gericht

Sie haben sich auseinandergelebt. Nach einigen Jahren Ehe war ihnen klar: Wir passen nicht zueinander. Immer wieder die gleichen Streite. Immer wieder die gleichen Wünsche, die der andere nicht erfüllt. Aber da waren die Kinder. Um ihretwillen bleiben wir zusammen, haben sie sich gesagt. Nun sind die Kinder aus dem Haus. Beide wollen noch einmal von vorne anfangen. Vor dem Familiengericht gibt es keine Probleme. Geld, Haus, Auto, man hat sich gütlich geeinigt. Auch mit den Kindern hat man sich ausgesprochen. Aber da ist noch die Erinnerung an den Anfang ihrer Ehe. An die Trauung in der schönen Kirche mit den modernen Farbfenstern. Bis der Tod uns scheidet, das haben sie sich zugesprochen. Und jetzt? Was sagt Gott nun zu ihrer Trennung? Richtet er sie?

Sie gehen zu einem Pfarrer, den sie nicht kennen. Sie fragen: »Können wir, so wie damals bei der Trauung, auch eine kirchliche Begleitung bei unserer Trennung haben?« Der Pfarrer windet sich, argumentiert mit nicht vorhandenen Vorlagen für so eine Zeremonie. Die beiden lassen nicht locker: »Wir wollen aber, dass Gottes Vergebung uns gerade in so einem Lebensabschnitt zugesprochen wird.« Da lässt der Pfarrer die Katze aus dem Sack: »Wer sich scheiden lässt, bricht das Gebot Gottes.«

Die beiden verlassen das Pfarrhaus. Sie fahren zur Kirche, in der damals ihre Trauung stattfand. Sie setzen sich in die erste Reihe. Es ist ganz still. Auf dem Altar brennt eine Kerze mit rotem Schein. »Gott vergebe mir«, flüstert sie nach einer Viertelstunde. »Gott vergebe mir«, antwortet er ebenso leise. Stumm drücken sie sich die Hände. Kein Geistlicher hat sie begleitet.

Junge Liebe

Beide sind über sechzig. Nun stehen sie vor dem Traualtar. So mancher im Ort schüttelt den Kopf. Da heiratet der schon wieder, obwohl seine Frau erst vor einem Jahr gestorben ist. Kein Respekt vor der Verstorbenen. Auch die Braut kommt nicht gut weg. Ihr Mann ist zwar schon einige Jahre tot, aber mancher Nörgler im Ort eifert: Hat nur auf eine gute Partie gewartet. Kann sich nicht schnell genug den stadtbekannten Witwer angeln. Muss die in ihrem Alter noch heiraten?

Was diese Leute nicht sehen wollen: Als die Ehepartner noch lebten, da waren sie als Paare eng befreundet. Als seine Frau qualvoll an Krebs starb, da war ihr die Freundin am nächsten. In der Zeit nach ihrem Tod hat sich eine große Nähe, ja Liebe zwischen den beiden Verbliebenen entwickelt. Nun läuft den beiden die Zeit davon. Warum sollen sie nicht glücklich miteinander leben? Warum nicht heiraten? Ist das nicht im Sinne der verstorbenen Ehepartner?

Nun also die Trauung in der Kirche. Schlicht gehalten. Nur nicht zu viel Aufwand angesichts der kritischen Stimmen im Vorfeld. Die Kinder der beiden sind mit anwesend. Freuen sich über die junge Liebe ihrer Eltern. Als das Paar aus der Kirche herauskommt, da traut es seinen Augen nicht. Fast der ganze Ort ist da. Der Schützenverein lässt Kanonen krachen, der Musikverein spielt auf, die Feuerwehr zapft ein Fass Bier an und überlässt dem Paar die ersten beiden Gläser. Alle gönnen den beiden das Glück.

Wo sind eigentlich die Nörgler des Ortes geblieben? Entweder sie haben sich zu Hause wie in einer Höhle verkrochen. Oder aber, was zu hoffen ist, sie haben sich von der allgemeinen Begeisterung anstecken lassen. Wahrscheinlich steht der eine oder andere jetzt auch vor der Kirche, in der Hand ein Bierglas, und stößt auf das Brautpaar an mit den Worten: Auf die junge Liebe! Es ist nie zu spät, für die einen wie für die anderen.

Der irische Traum

Zwei Liebende. Aber ihrer Liebe steht vieles, fast alles entgegen. Beide sprechen mit engen Freunden, vertrauen ihnen ihr Geheimnis an. Die hören zu, weisen sie dann auf ihre Verantwortung hin. Ihr müsst an eure Ehepartner, an eure Kinder denken. An das Glück, das ihr euch aufgebaut habt. Eure Liebe kann das alles zerstören.

Die beiden verstehen das. Aber ihr Herz spricht eine andere Sprache. So fliehen sie in einen Traum. Der Traum von einer Fahrt nach Irland. Vom Leben in einem alten Haus an einer Steilküste über dem Meer. Auf der anderen Seite des Hauses dehnen sich endlose Wiesen aus. Neben dem Haus stehen zwei Schaukeln. In diesem Haus wollen sie bis mittags schlafen. Dann über die Wiesen wandern, stundenlang schaukeln wie Kinder, die noch für den Augenblick leben können. Am Abend kochen, lesen und reden bis tief in die Nacht vor dem warmen Kamin.

Sie erzählen ihren Vertrauten den Traum. Die sagen: Ein gefährlicher Traum. Sie aber, die Liebenden, sagen: Lasst uns doch wenigstens den Traum. Sie lesen Goethe. Mignons Lied. Nur wer die Sehnsucht kennt, weiß, was ich leide! Ja, da finden sie sich wieder. Sehnsucht und Leiden. Das einzige Mittel, das ein wenig hilft, ist das Träumen. Der irische Traum.

Wer Liebenden das Träumen ausredet, stürzt sie in noch tieferes Leiden. Der Verstand wird bei den beiden letztlich siegen. Sie werden sich ihrer Verantwortung bewusst werden. Aber das Träumen, das wollen sie sich nicht nehmen lassen. Nur wer die Sehnsucht kennt, weiß, was ich leide!

Gazellen

Antoine de Saint-Exupéry hat einmal am Rand der Sahara junge Gazellen aufgezogen. In einem Gitter, das den Wüstenwind durchpfeifen ließ, hat er sie gefüttert, gestreichelt, scheinbar gezähmt. Sollten die Gazellen nicht froh sein, so vor Löwen und Schakalen geschützt zu sein? Aber irgendwann haben die Gazellen begonnen, mit den Hörnern gegen das Gitter zu pressen. Als ob es in ihren Genen liegt, wollen sie raus in die Wüste. Sie suchen die Gefahr, das Abenteuer, die Verfolgung durch Schakal und Löwe. Saint-Exupéry spricht von der Sehnsucht nach etwas Unbestimmtem.

Vielen Menschen erscheint eine feste Partnerschaft, erscheint die Ehe mit der Zeit wie so ein Gitter, ein Gefängnis. Alles, was man scheinbar zum Glück braucht, ist vorhanden: Partner, Kinder, Eigenheim, Wohlstand. Dennoch ist da die Sehnsucht nach etwas Unbestimmtem, nach dem Abenteuer. So kommt es zum Seitensprung, zum Ausprobieren eines Lebens mit einer anderen Person an der Seite. Das hat oft fatale Folgen, vor allem für die Kinder. Warum gibt es diese Sehnsucht nach etwas Unbestimmtem?

Viele Ehen ersticken in Alltag und Routine. Ein Tag wie der andere. Keine Höhepunkte. Das ist das eigentliche Gefängnis. Heilsam kann es sein, immer mal wieder gemeinsam auszubrechen aus diesem Gefängnis. Am besten ohne Reiseveranstalter, ohne Handy, ja auch ohne Kinder. Irgendwo hinfahren und ein Abenteuer bestehen. Gemeinsam, versteht sich. Wenn Geld und Zeit fehlen, kann es auch eine gemeinsam verbrachte Nacht im nächsten Wald sein. Ohne solche Höhepunkte ist keine Partnerschaft, keine Ehe davor gefeit, dass die Sehnsucht nach dem Unbestimmten immer größer wird.

Der Ehebruch

Da stehen sie im Kreis. Die Steine in der Hand. In der Mitte die Frau, die sie beim Ehebruch erwischt haben. Wo ist eigentlich der Mann? Gehören zum Ehebruch nicht immer zwei dazu? Aber bleiben wir bei den Steinewerfern. Die Frau soll nun unter dem Steinhagel qualvoll sterben. So steht es ja im Gesetz. Wenn es um Fragen von Sexualität und Moral ging, da waren schon immer die Sittenwächter und Gesetzeshüter schnell auf dem Plan. Heute sitzen viele in den Redaktionen der großen Boulevardzeitungen. Niemand fragt die Frau nach den Ursachen für den Ehebruch. Hauptsache, man hat eine Gesetzesbrecherin auf frischer Tat erwischt. Strafe muss folgen. Nun aber betritt Jesus die Bühne. Er stellt sich der Ehebrecherin an die Seite. Solidarität mit den Gescheiterten. Das hält Jesus immer so. Er fordert die Möchtegern-Steinewerfer auf: »Wer unter euch ohne Sünde ist, werfe den ersten Stein.« Erst jetzt beginnen die Ankläger nachzudenken. Sind wir denn besser als diese Frau? Sind wir nicht auch in der Gefahr, das Gesetz ständig zu verletzen? Sind wir gegen sexuelle Versuchung immun? Ein Ankläger nach dem anderen legt die Steine nieder und tritt ab. Zurück bleiben Jesus und die Frau. Nur die beiden. Nicht, dass Jesus den Ehebruch rechtfertigt. Aber er gibt der Frau eine neue Chance. Tu's nicht mehr. Fehlerhaftes Verhalten im Bereich von Liebe und Sexualität verlangt nach leisen Tönen. Verlangt die Frage nach den Ursachen. Verlangt nach Heilung für die dadurch entstandenen Wunden. Verlangt nach Vergebung und der Möglichkeit, neu anzufangen. Wer hier laut aufschreit, steht in der Gefahr, irgendwann sich selbst richten zu müssen.

Frau liebt Frau

Du behältst das doch für dich? Hannelore Schneider besucht ihre beste Freundin Gisela. Die Worte wollen ihr nicht über die Lippen. Tränen schießen ihr in die Augen. Gisela rückt an ihre Seite, legt den Arm um sie. Das hilft. Hannelore erzählt nun von ihrer Tochter. 23 Jahre alt. Sie sei in eine andere Stadt gezogen, weil sie dort ihre große Liebe gefunden habe. Aber, Hannelore stockt dabei der Atem, aber diese große Liebe ist eine andere Frau. Zwölf Jahre älter. Sie leben zusammen wie ein Ehepaar.

Nun ist es raus. Gisela schenkt erst einmal Tee ein und schweigt. Das beste, was sie tun kann in so einer Situation. Minuten vergehen, dann fragt sie: »Hast du denn das Gefühl, dass deine Tochter glücklich ist?« »Oh ja, natürlich ist sie das. Ich habe sie selten so fröhlich erlebt wie in den letzten Monaten.« »Aber dennoch belastet dich

diese Geschichte?« »Ja, natürlich. Alle meine Freundinnen, du ja auch, ihr habt Kinder, die heiraten und machen euch zu stolzen Großeltern. Und ich, soll ich erzählen: Wir werden nie Großeltern, weil unsere Tochter auf Frauen steht?« Wieder schweigt Gisela. Denkt sich: Heute fallen mir ja gar keine richtigen Worte ein. Aber als Hannelore geht, sagt sie: »Danke, Gisela, das hat richtig gutgetan. Dass du mich angehört hast. Vielleicht ist es ja wirklich gut, ein glückliches Kind zu haben. Wenn ich sehe, wie kaputt doch manche jungen Ehen schon sind …«

Hannelore geht nach Hause. Am Abend läutet das Telefon. »Hier ist Gisela. Stell dir vor: Für's Wochenende wollen unsere Kinder zum Rockkonzert und alle fünf Enkel bei uns abgeben. Das wird uns ein bisschen viel. Könntet ihr nicht zwei Enkel übernehmen?«

Philemon und Baukis

Gespräch eines Ehepaars am Vorabend der Goldenen Hochzeit.

Er: Wie haben wir das geschafft. Fünfzig gemeinsame Jahre?

Sie: Es gab ja auch schwere Zeiten. Streit in der Ehe, das kennen wir beide doch auch … Aber wir haben dann immer an uns gearbeitet.

Er: Ja, die Ehe ist Arbeit. Eine gelingende Ehe fällt einem nicht in den Schoß.

Sie: Und Schlüsselsuche. In einer guten Ehe darf man nicht aufhören, den Schlüssel zum Herzen des anderen immer neu zu suchen. Du hast ihn bei mir jedenfalls meistens gefunden …

Er: Du bei mir ja auch. War oft gar nicht so schwer. Ich habe das Gefühl, dass zu einer guten Ehe auch blindes Verstehen gehört.

Sie: Ja, aber kann man das denn selbst herstellen? Das blinde Verstehen?

Er: Ich glaube nicht. Eine gute Ehe ist eben nicht nur Arbeit und Schlüsselsuche. Sie ist auch zu einem großen Teil Geschenk.

Sie: Halten wir es also nicht uns zu Gute, dass wir den morgigen Tag erleben dürfen. Wir wissen schon, wem wir zu danken haben.

Er: Deshalb gehen wir ja morgen als erstes in die Kirche.

Sie: Jetzt müssen wir schlafen. Sonst packen wir den Tag morgen nicht.

Er: Hast du eigentlich einen Wunsch?

Sie: Ja, dass wir an unserem Lebensende auch gemeinsam einschlafen. Träume gut!

Die antike Mythologie berichtet uns von Philemon und Baukis. Ein Paar, das bis ins hohe Alter von tiefer Liebe getragen war. Woraus sie ihre Liebe speisten? Wohl auch aus Schlüsselsuche, Arbeit an der Liebe und Dankbarkeit für das Geschenk des blinden Verstehens. Jedenfalls hatten auch sie den einen Wunsch im Alter: Gleichzeitig zu sterben, damit keiner um den anderen trauern müsse. Welcher Wunsch kann stärker von Liebe zeugen?

Es ist nichts als Liebe

Der alte Mann geht jeden Tag zum Grab und trauert um seine geliebte Rosa. 52 Jahre waren sie miteinander verheiratet. Jetzt ist es für ihn so, als sei ein Teil von ihm selbst gestorben. Am Grab spricht der alte Mann mit seiner Rosa. Erzählt ihr, was er bisher getan hat und was er am Rest des Tages noch tun will. Er klagt auch: Du fehlst mir. Würde ich doch auch bald sterben, um wieder bei dir zu sein.

Eines Tages kommt ein Ehepaar am Grab vorbei. Sie hören, wie der alte Mann mit seiner Rosa spricht. Als er seine Harke einpackt und gerade gehen will, da reden sie ihn an: »Sie sprechen mit einer Toten. Wissen Sie, dass Sie damit die Geister der Toten heraufbeschwören? Das ist ganz gefährlich!«

Der alte Mann geht ganz verstört nach Hause. Soll er nicht mehr mit seiner

Rosa sprechen? Er verbringt eine unruhige Nacht. Am nächsten Morgen geht er zu seinem Pfarrer und erzählt ihm den Vorfall auf dem Friedhof. »Darf ich nicht mehr mit meiner Rosa sprechen?« Der Pfarrer stellt die Gegenfrage: »Glauben wir als Christen etwa nicht, dass die Toten gar nicht tot sind, sondern nur in einer anderen Wirklichkeit, die wir Himmel oder wie auch immer nennen, leben?« Der alte Mann nickt. »Warum also«, fährt der Pfarrer fort, »warum also sollten wir nicht mit diesen, in einer anderen Wirklichkeit Lebenden sprechen?« Der alte Mann blickt nachdenklich auf den Boden. »Ist es aber nicht so, dass ich durch diese Gespräche die Geister meiner Rosa heraufbeschwöre?« Der Pfarrer schüttelt unwirsch den Kopf: »Wer kommt denn auf so einen Käse? Was sie durch ihre Gespräche mit ihrer verstorbenen Ehefrau zeigen, ist das Gegenteil einer Geisterbeschwörung. Es ist nichts als Liebe. Liebe, Liebe. Liebe.« Der alte Mann reicht dem Pfarrer die Hand und macht sich auf den Weg. Er weiß, wohin er jetzt zu gehen hat.

Die Reise in den Urwald

Zwei erfolgreiche Geschäftsmänner so um die vierzig wollen eine millionenschwere Partnerschaft ihrer Unternehmen eingehen. Da zeigt Herr A. Herrn B. zwei Flugtickets: Bevor wir unterzeichnen, fliegen wir in den Urwald. Morgen geht's los. Herr B. denkt: Ist der noch ganz dicht? Wie soll ich die ganzen Termine verlegen? Und die erforderlichen Impfungen und Visa? Na gut, die habe ich noch von früheren Geschäftsreisen nach Afrika. Sein Partner bleibt hartnäckig. Ohne Urwald keine Unterschrift. So landen sie am nächsten Tag auf einem Flughafen in Zentralafrika. Ein Minimum an Kleidern und Gepäck haben sie dabei. Und was nun, fragt Herr B. Jetzt fahren wir mit einem Taxi bis an den Rand des Urwalds und schlagen uns dann fünf Tage durch den Urwald, sagt Herr A. Herr B. hört auf, zu staunen und zu fragen. Ohne Karte, ohne Proviant, ohne Zelt gehen sie los. Sie ernähren sich von tropischen Früchten. Nachts bauen sie sich aus großen Blättern und Hölzern eine Unterkunft. Gefahren lauern überall: Schlangen, Raubtiere, die hohe Luftfeuchtigkeit. Aber mit der Zeit werden aus den Bürohengsten Lederstrümpfe. Als sie auf dem Rückflug sind, sagt Herr B.: War eine tolle Erfahrung. Herr A. antwortet: Wenn wir uns in diesen fünf Tagen zerstritten hätten, wären die Verträge jetzt schon im Reißwolf. Es hätte nur eines kurzen Anrufs beim Notar bedurft. »Ich heiße übrigens Stefan«, sagt Herr B. »Und ich Matthias.« Mit Kaffee in Plastikbechern stoßen sie in 5000 Meter Höhe auf ihre Partnerschaft an. Dieser Augenblick ist, da sind sie sich einig, wichtiger als der Termin beim Notar, viel wichtiger.

Wer eine Partnerschaft, gleich welcher Art, eingehen will und sich dabei des Partners unsicher ist, der sollte eine gemeinsame Reise unternehmen. Die

Hochzeitsreise ist eigentlich Unsinn. Denn sie kann zu spät kommen. Mark Twain sagt: »Um herauszufinden, ob man jemanden haßt oder liebt, gibt es keine bessere Methode, als mit ihm zu reisen.«

Zwei Brüder

Der eine macht ein Einserabitur, studiert und wird erfolgreicher Geschäftsmann. Der andere bricht die Schule ab, gerät auf die schiefe Bahn. Sie verlieren mit den Jahren jeglichen Kontakt untereinander. Zwei Brüder in zwei verschiedenen Welten. Der Erfolgreiche und der Verlierer. Der Verlierer säuft sich krank. Er kommt ins Klinikum. Nur noch wenige Wochen gibt man ihm da. Er lässt seinen Bruder anrufen. Er soll kommen. Der ist überrascht: »Meinen Bruder besuchen? Mein Terminkalender ist voll. Aber wenn's denn sein muss.« Als er am Bett des sterbenskranken Bruders steht, reicht dieser ihm ein Säckchen mit Murmeln. »Kannst du dich an den Kindergeburtstag erinnern? Damals hatten wir Spiele mit kleinen Gewinnen gemacht. Du wolltest unbedingt die Murmeln. Aber die habe ich gewonnen. Das war das einzige Mal, dass ich dich besiegt habe.

Aber was nützen mir diese Murmeln im Angesicht des Todes? Was haben sie mir jemals genützt? Ich hätte sie mit dir teilen sollen. Nimm sie jetzt bitte. Für deine Kinder.« Dann schläft er ein.

Der Bruder fährt nach Hause. Die Begegnung treibt ihn um. Loslassen im Angesicht des Todes. Sein Bruder hat sich an die Murmeln geklammert, später dann an den Alkohol. An was klammere ich mich eigentlich? An die erfolgreichen Aktien meines Unternehmens? An das Wochenendhaus? Er beschließt, umzukehren. Will dem Bruder alle medizinischen Möglichkeiten eröffnen, damit der noch mal eine Chance hat.

Als er das Krankenzimmer betritt, ist es leer. Der Stationsarzt sagt: »Ihr Bruder ist gleich nach Ihrer Abreise verstorben. Wir konnten Sie nicht erreichen.«

Da tritt vor sein Auge der letzte Anblick, den er von seinem Bruder mitgenommen hat: Das Gesicht Gelassenheit ausstrahlend, die rechte Hand geöffnet auf der Bettdecke. Der Anblick wird ihn nicht mehr loslassen.

Sanna und Konrad

Zum festen Bestand des Vorlesens in der Weihnachtszeit gehört auch in Familien, die mit dem christlichen Glauben nichts am Hut haben, die Erzählung »Bergkristall« von Adalbert Stifter. Die Geschwister Sanna und Konrad dürfen am Tag des Heiligen Abends die Großeltern besuchen, die in einem benachbarten Bergdorf leben. Auf dem Rückweg beginnt es zu schneien. Die Kinder verirren sich, kommen in die gefährliche Gletscherregion. Schnee, Schnee, wo sie auch hinschauen. Eine einzige weiße Finsternis, sagt Stifter. In einer Höhle aus aufgetürmten Steinen verbringen sie den Heiligen Abend. Am Morgen werden sie dann von Suchtrupps aus dem Dorf gefunden und geborgen.

Eigentlich eine recht simple Geschichte. Was macht sie dennoch für viele gerade in der Weihnachtszeit so anziehend? Weil es hier um Elementares geht: Um Bedrohung und Rettung, um Kälte und Wärme, um den Zusammenhalt in der Familie. Gerade darum geht es ja auch in der Weihnachtsgeschichte, wie sie uns die Bibel berichtet. Darum strömen an Weihnachten nach wie vor Millionen in die Gottesdienste. Sie wollen etwas erfahren von Rettung und Wärme, vom Gefundenwerden und vom Geborgensein.

Stifters Erzählung ist aber auch die Geschichte von zwei Geschwistern. Gerade wenn Kinder diese Geschichte hören, sagen sich manche: Gut, dass ich auch Geschwister habe. Für die schweren Zeiten im Leben. Die Wurzeln für ein lebenslanges Verbundensein unter Geschwistern, sie werden in der Kindheit gelegt. Weihnachten, die Zeit des Schenkens, die Zeit der Familie, ist eine gute Zeit, solche Wurzeln zu legen.

Patentante und Freundin

Annika weiß nicht mehr weiter. Er hat eine andere. Er, den sie so ganz tief liebt. Seit Tagen isst sie nichts mehr. Wird sie vielleicht magersüchtig? Mit 14 Jahren ist man dafür ja wohl sowieso anfällig. Wenn sie doch nur mit jemanden reden könnte! Mit den Eltern geht nicht. Die lehnen den Jungen sowieso ab. Ist mit 17 viel zu alt. Sie soll sich um die Schule kümmern und so was. Sie muss mit jemanden darüber reden! Da fällt ihr Nina ein. Ihre Patentante. Sie ruft sie an. Muss mit dir sprechen. Geht nicht am Telefon. Kann ich vorbeikommen? Eine Stunde später sitzt sie bei Nina im Wohnzimmer. Erst bringt sie kein Wort raus. Ob Nina mit ihren 35 Jahren sie wohl verstehen kann? Aber als Nina dann einen Tee gekocht hat und neben ihr sitzt und ihr ganz offen in die Augen schaut, da kann sie die Tränen nicht

mehr halten. »Liebeskummer?«, fragt Nina. »Woher weißt du das?«, staunt Annika. Dann erzählt Nina, dass es mit 14 Jahren höchste Zeit für Liebeskummer ist. Sei bei ihr ganz genau so gewesen. Sie habe damals tagelang nichts gegessen. Solchen Liebeskummer habe sie gleich mehrmals gehabt. »Weiß der Junge denn überhaupt, wie sehr du ihn magst?« Annika schüttelt den Kopf. »Und bist du sicher, dass er mit der anderen gehen will?« Nina sieht die Sache von außen und ganz unbefangen. Tut das gut! Dann entwerfen sie gemeinsam einen Plan. E-Mail- und SMS-Angriff. »Wenn das nichts bringt, überlegen wir weiter. Komm einfach wieder vorbei.« Annika umarmt Nina ganz fest. »Patentante, das klingt so förmlich. Du bist eigentlich meine Freundin. Du verstehst mich.«

Als Annika gegangen ist, holt Nina ihren Patenschein aus der Schublade. Sie soll als Patin dafür Sorge tragen, dass Annika im christlichen Glauben wächst. Hat sie das heute getan? Sie holt sich ihre Bibel und liest im Neuen Testament. Liest von dem Mann aus Nazareth, der sich immer auf die Seite der Bedrängten gestellt hat. In vier Wochen hat Annika Konfirmation. Ich weiß, was ich ihr schenken werde, sagt sich Nina.

Zwei alte Frauen

Velma Wallis lebt in Alaska. Sie hat eine Legende aufgeschrieben, die man sich seit Generationen in ihrem Volk, einem Nomadenstamm im hohen Norden Alaskas, erzählt. Eine bewegende Geschichte von zwei alten Frauen. Winter herrscht, und alle im Volk haben Hunger. Aber die Gegend bietet kaum Essbares. So beschließt der Häuptling, mit dem Volk an einen anderen Ort zu ziehen, wo man eher etwas Nahrung zu finden hofft. Die beiden alten Frauen sind wertloser Ballast für das Volk geworden. Ohne sie kann man sich schneller bewegen. Außerdem sind sie wehleidig, jammern den ganzen Tag rum. Also werden die beiden alten Frauen in der kargen Gegend zurückgelassen. Sie werden erhungern, erfrieren. Ein grausamer Beschluss.

Aber nun passiert das Wunder: Als sie ihre Lage erkennen, hören die beiden Frauen auf zu jammern und zu klagen. Sie erinnern sich daran, was sie früher einmal erlernt haben, um in der Wildnis zu überleben. Sie bauen Fallen, essen die darin gefangenen Tiere und wärmen sich mit deren Fellen. Sie kämpfen sich nicht nur durch, am Schluss retten sie sogar das Volk, das sie so schmählich zurückgelassen hat.

Klingt wie ein Märchen, hat aber einen wahren Kern. Vor allem zwei ganz wichtige Botschaften. Erstens: Zu zweit geht alles besser. Und zweitens: Alt ist nur, wer sich selbst aufgibt. So mancher Jugendliche wirkt heute bei uns schon wie ein Greis, während manche Achtzigjährige fit ist wie ein Turnschuh. Sie können uns allen zum Vorbild dienen, die beiden alten Frauen aus dem Stamm der Athabasken in Alaska.

Rut und Noomi

Blutsverwandt sind sie nicht. Noomi ist Ruts Schwiegermutter. Dann stirbt Ruts Mann. Noomi sagt: Nun trennen sich unsere Wege. Ich lasse dich frei, Rut, dass du einen anderen Mann findest. Ich ziehe zurück in meine alte Heimat.

Noomi ist verbittert. Auch ihr anderer Sohn und ihr Ehemann sind gestorben. Ganz allein ist sie zurückgeblieben. Sie hat das Gefühl: Land unter. Ich ertrinke auf der rauen See des Lebens.

Rut erspürt dieses Gefühl der Schwiegermutter. Tief drin in ihr sagt ihr eine Stimme: Du kannst diese Frau nicht allein lassen. So beendet sie alle Versuche der Schwiegermutter, sie wegzuschicken, mit Worten, die zu den schönsten in der Bibel gehören: »Wo du hingehst, da will ich auch hingehen; wo du bleibst, da bleibe ich auch. Dein Volk ist mein Volk, und dein Gott ist mein Gott. Wo du stirbst, da sterbe ich

auch, da will ich auch begraben werden.« Gegen diese Worte argumentiert Noomi nicht mehr an. Sie haben etwas Endgültiges. Noomi hat in Rut jemanden, der ihr bedingungslos an der Seite ist in all der seelischen Not. Wie die Bibel weiter berichtet, bleibt das Verhalten der Rut nicht unbelohnt. Sie findet in Noomis Heimat ihr Glück. Einer ihrer Nachkommen wird außerdem der berühmte König David.

Was hat Rut für Noomi getan? Sie hat ihr ein Feuer angezündet, und Noomi findet auf der rauen See des Lebens den Weg zu Wärme und Licht. Was gibt es Größeres, als einem Untergehenden ein Feuer anzuzünden? Ihn durch den Sturm zu retten? Schauen wir raus auf die raue See. Es gibt unzählige, die unterzugehen drohen. Wer in seinem Leben auch nur eine Menschenseele rettet, empfängt höchsten Lohn: Die Liebe.

Feuer und Liebe

Sehen wir nun das Feuer, das uns den Weg zu Wärme und Licht weist, wenn um uns »Land unter« ist? Wo finde ich den Menschen, der mich vor dem Untergang rettet, wenn ich mit meinem Leben auf rauer See bin?

Ich finde ihn, wenn ich mich auf den Weg mache, der zur Liebe führt:

Liebe ist Annahme des anderen mit seinen Fehlern.

Liebe ist Zuhören und Verstehen.

Liebe ist Tränen abwischen.

Liebe ist Treue in schweren Zeiten.

Liebe ist Vergeben.

Liebe ist an kein Alter gebunden.

Liebe ist Träumen.

Liebe ist Sehnsucht nach dem Unbestimmten.

Liebe ist Arbeit.

Liebe ist Schlüsselsuche.

Liebe ist blindes Verstehen.

Liebe ist ein Geschenk.

Liebe ist nicht vom Tod zu besiegen.

Liebe ist Feuer anzünden.

Liebe ist der von Herzen kommende Satz: Wir zwei beide.

Scheint wirklich schwierig zu sein, dieser Weg zur Liebe. Aber lohnend. Klar, ich will ihn wagen. Aber die Liebe, ist sie nicht auch noch auf andere Weise und einfacher zu finden? Und auch das Feuer? Ich greife zu meiner Bibel. Ich blättere. So viele, die »Land unter« geschrien haben, hat sie schon gerettet. Werde ich da nicht auch fündig?

Nach einer Weile stoße ich auf die Worte von Jesus:
Ich bin gekommen, ein Feuer anzuzünden.

Ich atme auf.
Und dann ist da noch die Erkenntnis eines der ersten Christen. Johannes heißt er. Er sagt:
Gott ist die Liebe.

Ja, sage ich mir, die großen Wahrheiten haben oft ein ganz einfaches Gewand.